JN439428

시간을 그리다

시간을 그리다

이경배 시집

계간문예

| 시인의 말 |

시집 《반추의 여백》이후
시는 더 큰 무게감을 갖고 다가왔다.

시를 만날 때마다 새로운 설레임은
더욱 강렬해지고 보이지 않는
무언가의 무게가 늘 가슴 안에
응어리로 남아있었다.

나의 어눌한 시어들
언제쯤 창문 활짝 열어
자유롭게 세상을 날 수 있을까.

그날을 꿈꾸면서.

2017년 9월에

청담 이경배

■ 목차

2부

생활의 방정식

3부

나의 호흡은 안녕하신가

4부

바람 부는 쪽으로

5부

오늘 해가 맑아라

제1부

나의 시 나의 노래

내일의 거기

다시
불편한 하루의
서걱대는 일상을
마무리한다

어제의 절벽에서
오늘을 건너왔듯이
내일의 거기
결코 멈출 수 없다

목청 돋우는 높은
칠월의 저 높은 소리
칠 년인가 십사 년인가를
땅 속 고행에서 벗어나
맘껏 울어대는
저 소리 들리지 않는가

내일의 거기
결코 빈 울음 울지 않으리

여기 내가 서 있다

가을 햇살에 익어가는
바람의 숨소리
아파트 정문 곁
단감 몇 알이
이마를 간질인다

여기저기 온통 세상을
쑥대밭으로 만들어 가는
지구의 반란
단말마적 지진의 폭풍

어림없다
주검 같은 낙엽 한 잎
떨어지는 저 속에
우주의 아픔과 절망도
경이로운 창조주를 탓하지 못한다

눈부신 가을 속살의 한 가운데
여기 내가 서 있다

랜섬웨어

랜섬웨어*에 결박된 영혼들
오랫동안 가슴 속 깊이 갇혔던 언어들
서서히 등을 들고 밖으로 나온다

처음 만나듯 세상 길 나선다
어지럼증뿐이다

이미 고삐 풀린 거리의 신음소리
시간의 방랑자
이제 되돌릴 수 없는 길 위에서
세상의 눈부신 그 빛들
내려놓으며 포개어 내려놓으며
다시 길을 찾는다

빈 가지 겨울바람에 흔들리지만
눈 속에 견디며 움트는 생명들이
또다시 싹틀 거라는 소식이
멀리서 들려온다

*랜섬웨어 – 이메일 등을 통해 침투해 사용자가 데이터를 사용할 수 없도록 암호화하는 악성 코드

바람도 머물지 못한다

자신의 입으로는
성한 과실 한 번 제대로
맛보지 못한 붉은 과일
빈 상자를 어둠 속에서
거둬들이는 주름진
손등 위로 슬픔이 내린다

생의 절벽 앞에서도
몸 밖으로 나와 보지 못한
자아가 조금씩 눈 떠
늙은 세상을
바라 본다

그토록 무성하게
잎을 달고 펄럭이던
푸른 시절도 지나고
이제는 낡아가는
낙엽 한 잎에
바람도 머물지 못한다

그러나 아직도 노동은
기우처럼 남아 날마다 조금씩
목숨을 지워가는 절대 운명

마포대교 중간쯤에

밤의 어둠만큼
어두운 것이
도시의 난간에 붙어있다

더 이상은
버틸 힘없다며
몇 번이고 머리를
흔들어 보지만
이미 등져 버린 세상과
손잡을 수 없었다

차라리 별빛 자리 하나
차지하고 살고 싶다

살고 싶다, 살고 싶다며
달려드는 시퍼런 강물,
저 삶의 벼랑 끝
마포대교 중머리 난간

이 세상에서

이 세상에서
들의 풀꽃을
볼 수 있다는 것은
분명 하나님의 축복이지요

이 세상에서
그대 정겨운 목소리
들을 수 있다는 것은
분명 하나님의 큰 축복이지요

이 세상에서
그대와 함께
걸을 수 있다는 것은
분명 더더욱 하나님의 축복이지요

이 세상에서
당신의 귀한 말씀
받는다는 것은 생의 최고 축복이지요

일몰

검은색과 회색 그리고
진홍빛이 선명하게 펼쳐진
저녁노을

어쩌란 말이냐
나이를 짚어가는
허황된 눈빛

거기
핏빛 치맛자락에
머리를 묻는
하루하루의 고해성사가
가 나 다 라 로 새겨
일몰의 제단을 쌓는다

나의 시 나의 노래

햇빛 투사되는
유리창을 뚫고
세월의 풍경들이
아른거린다

고비 때마다
간신히 뛰어 넘던
생의 돌담길

아득한 기억 속에
운명의 젖줄인 양
남아있는 무늬
나의 시, 나의 노래

그 말

말을 엮어
다리를 놓았다

그대에게 갈 수 있는
오직 유일한 길

꽃들이 피어난다
사랑의 말들이
마구 향기를 뿜어댄다

땅 위에서 마련된
최초의 언어들이
찰랑이는
시간의 언저리
그 말

인력 시장

하루의 노동 행렬이
바다처럼 출렁이는
구로동 새벽 인력 시장

어둠이 풀려갈수록
고무줄처럼 늘어나는
사람들의 무리무리
실업의 사람들
모두 풀어놓았나 보다

비상하는 육체들이
삶을 견디기 위한
몸부림이다

쾅쾅 닫힌 땅에서
뿌리 깊은 생명의 소리
부활처럼 열고 싶은
새벽 인력 시장

아직 봄은

봄을 준비하는
미세한 기척을 듣는 중

겨울 낮은 햇볕이
길게 머무는 베란다
오른쪽 화분에서
푸른색 줄기를 내민다

엘가의 '수수께끼 변주곡' 처럼
부실한 꽃들이
여기저기 생명을 키워내고 있는
아직
봄이 이른 어느 날

하루의 색깔

영등포동 두산 아파트 102동 앞
햇볕 다사롭고
눈높이만큼 자란 나무들
허락 없이 들락거리는
새들의 드나듦에도
너그러운 마음으로 이웃 삼는다

이쯤에서 산수유 열매 붉게 익어
오가는 이들의 눈 호사를
시켜주기도 한다

온종일 그렇게 서 있던 나무들
어깨 위로 노을이 얹힐 때쯤
똑, 똑, 똑 돌아오는 피붙이들의
발자국 소리 살갑게 들려온다

거기 얹혀온 하루의 노동이
집안까지 따라와
편안한 웃음으로 쉼을 얻는다

화천의 눈
– 손자 형조의 군 생활

사방에 흰 눈만
내려 쌓여 포개 쌓여
세상 모든 것
다 묻어놓고
하루의 질척한
발자국들 끊어버려
길이란 길
모두 삼켜 버렸다

살아있는 것이나
죽은 것조차도
눈발로 묶어 놓은
화천에 눈 내리던 날

군화 깊숙이 잠긴
잃어버린 길 위에서
방향조차 잃었다

골짜기조차
가늠할 수 없는
길 아닌 길을
이등병 계급장 달고
생의 귀향하듯
또 다른 지상 위를 걸어간다

그래도 오늘만은

천천히 정들어 가는
도시의 지하 단칸방 사람들
얼룩진 그늘로 남은
하루의 끝자락 쯤에서
저마다의 삶들이
허리를 눕히는 시간
지친 육신을 위로하며
서로를 쓰다듬는
결핍의 말씀들

삶의 가치가 실종된
버거워진 생을 위해
그래도 오늘만은
잘 견디었다고
너와 나를 위한
우리들의 술잔을 든다

날이 밝으려면 아직 이른 시각
단 한번만 일지라도
이 지독한 삶의 방에서
문 활짝 열고 달려가 보자

세상

비온 뒤 물안개 젖은
공원길을 걷다가
발밑에 밟힌
지렁이 한 마리
허리를 잘렸다
그냥 잘린 채로
두 마리 몸이 되어
꿈틀댄다
온 힘을 다해
풀숲으로 기어간다
거기 아무런 죄의식 없는
인간이 의기양양하다

참 신기하다
생명이 하나가 둘이 되고
셋이 되는 그 위로
속으론 상처
고름 고인 사람들의
죽음의 상실

잊어가고 있다

참 신기한 세상이다
오늘도 여전히
죽고 태어나는 생명인 것을

제2부

생활의 방정식

지금 대한민국에

영혼의 빛을 주소서
이올란타*의 빛을 주소서

눈 먼 대한민국에
오직 최초의 주님 선물

"빛을 주소서"

*이올란타 – 차이코프스키의 오페라
〈르네왕의 딸 소경인 이올란타 공주〉

우리들의 조국이여

대한민국은
이미 활시위를
떠난 화살일까
추스를 수 없는
과녁 거기
우리들의 가슴에
단단히 박혔다
대한민국의 명치
정중앙을 관통시킨
지독한 화살
아무리 달래 봐도
뽑히지 않는다

서로의 살점을 뜯어내며
스스로 과녁이 되어버린
우리들의 슬픈 조국

이 땅의 심장엔
탄핵 · 촛불 · 맞불이

꺼지지 않고
세월호 덩치 큰 배는
여전히 미로를 헤매며 항해 중

찢겨진 상처로 남은
부끄러운 민낯에
흥건히 피만 흘리는 이 나라 이 땅

파시의 때가 되었나
낮에도 취해 비틀대는
내 나라 대한민국
우리들의 아픈 조국이여

염색

사람의 마음도 염색할 수 없을까

몇 살 때부터 흰머리가 생겼는지
정확하게 알 수 없지만
염색을 하지 않으면 백발노인이다
머리염색이 타성이 되어버린 일상
몸의 일부분을 물들이는 일이다

겉모습은 젊어지는데
보이지 않는 속마음은 도무지
물 들일 수 없다

노욕과 집착 · 고집
참으로 버릴 수 없는
폐기물의 집하장

젊은 머리가 될수록
비례적으로 비대해지는 건
누구의 상대성 이론일까

저 광활한 절대 몰입의 근성 위에
염색을 하고 싶은 날

사랑이라는 것

사랑 받는 것보다
주는 것이 행복한 것이라고
어느 시인이 말했지만
사랑이란 진심으로 말 하건데
가슴에 깊이 간직하는 것이라네

대왕별 하나

밤새
바다 뒤편에서
달구어 질대로 달궈진
저 벌건 햇덩이

얼마나 뜨거운
유희에 취해
한 올도 걸치지 못하고
진홍빛 민낯으로 나타났을까

붉은 심장으로
아침 바다 초입에서
어른대는
저 우주의 대왕별 하나

실업이란 말

낯선 겨울바람 앞에서
가릴 것 얇은 노숙의 사람들

파랗게 얼어버린 길 위
바지 주머니에서
몇 번이고 만지작대는
손 전화기
피붙이들의 안부가
더 슬픈 이승의
아버지란 이름

어둠 속 찬바람보다
더 무서운 실업이란 말
자꾸 입 안에서
거칠게 씹힌다

겨울저녁

샛강
학다리 위에서
지는 저녁 해

목조 다리 밑으로
하루 분량의 삶을
걸어놓고 사는
도시 사람들의
자동차 행렬이
저녁 햇살 싣고
함께 달린다

한 철
그토록 푸르던 잎들도
수명을 다해 돌아가고
바스러지는 나이 든 억새풀
그 위로 이따금 다녀가는
가마귀 떼
반역의 겨울 허공을 날은다

인생

인생의 순환 열차
구심력 잃어
세상 밖으로
떨어져 나가는
한 쪽 가슴팍
더는 당길 수 없는
무기력증

겨울 저녁
깊은 고요 속에서
남아있는 시간의
파편들
군데군데
낙인 찍듯 인장을 한다

아직 절망하긴 일러

어쩌다 희망을
놓친 지 오래다
비틀대며 줄기차게
쫓아오는
절망이란 놈이
오늘도
방향을 잃었나 보다

대낮에 취한 삶이여
차라리 차가운 어둠을
먹으며 살고 싶다는
어느 나이 든 청년의
빈 목소리
물기 마른 냉기침이
지하 단칸방을 채우고 있다

어느 야생마의 눈물

끝없는 초원의 풍경 한가운데
저녁 놀 물드는 하늘을 보며
야생마 한 마리 걸음을 멈췄다

온종일 쉼 없이 갈기를
휘날리며 달렸다
곁에서 한가롭게 풀을 뜯던
염소 양 앞을 자랑스레 달리던
그는 엉겅퀴 만발한 평원도
눈에 들어오지 않았다
풀꽃 밑에 머물러 있던
생명들 역시 거들 떠 보지 않았다
브로딘*의 교향시 '중앙아시아의 초원에서'
도 귓등으로 흘렸다
칭기즈칸의 명마가 되고 싶은 생각은
더더욱 없었다
하지만 어느 날 끝내 모두 떠난
빈자리 혼자인 채 막막함으로
서 있을 뿐이다

노을 지는 지평선 언저리
설움의 가닥가닥 이슬방울만 흐를 뿐

*브로딘(1833~1887 러시아 작곡가)

회상

한 번도 몸 세워
걷지 못하는 바다
기어서 기어서
등판으로만
목을 세우고
먼 뭍을 갈망하여
밤새도록 빈 가슴
쓸어대며
회상으로 밤을 새운다

바다의 몸은
결코 젖지 않는다
다만 그리움만
촉촉이 배어
소금끼로 적신 육신을
파도로 퍼덕일 뿐
잠들 수 없는

관능의 뼈마디
그래도 남아있는
푸른 끼 도는
열망의 숲
거기 내 발자국이 선명하다

걱정 많은 날

요즘같이 걱정 많은 날
오늘이 며칠일까?
오늘도 이 나라에 변은 없을까?
오늘 또 새로운 국정농단은 없는가?

두통이 심하다
평온했던 날들이
언제였던지 기억에 안 든다

언제부터 내가
이토록 심각하게
나라를 걱정했었지?
잔 근심 피붙이들 안부가
전부였던 내가
언제부터 애국, 애민주의자가
되었던 것일까

나도 나를 모르겠다

시간이 어디쯤 흘러야
강아지풀, 애기똥풀 만나
웃음 지을 수 있을까

신길동 시장에서

신길동 동네
재래시장 골목길
좁은 길 양 옆
리어카, 야채 무더기
생선 좌판들이
즐비하게 앉아 있다

손님보다 더 많은
가게 앞
생의 까마득한
늪 속에서
잠시 길을 잃었다

'미주 산 콩으로 만든 두부 있어요
싸고 맛 좋은 두부요'
식솔 많은 연변에서 온
나이 든 주름진 손이
덥썩 두부 두 모를 먼저 잡는다

60년대 우리네
고단한 어머니를 만났다

사랑이라 말해도

눈을 감아도
아른대는 사람
사랑이라 말해도
될까 몰라

사랑은
내 안 깊숙한 계곡에
물소리 내지 않고
맑게 흐르는 것

생활의 방정식

삶은 끝없는 복습
생각의 끝에 오는 존재

주름살 잘 엮는
아프리카 여인의
질 좋은 솜씨

예전보다 신수가 좋아졌다고
전언으로 듣는 날 오후

제3부

나의 호흡은 안녕하신가

묵상 중

시고 떫은
시간이 지나야
달디 단 과육을
만들어 내듯

덜 자란
자아의 씨
겨울밤처럼
더디 천천히
침묵 속 묵상 중

폭설의 광기

눈 속에 길을 잃었다
하얀 풍경 속 세상에
모든 이름을 묻었다

삶과 죽음이 한 가지로
그 출입구를 막았다

다만 지진의 절개지
입 벌린 자리만큼
서둘러 꿰매가는
폭설의 광기

그해 눈은

그해 눈은 철없이 내려
온 세상이 하얀 백지로
돌아가고 있었다

더구나 삽교리의 산길은
누구든 한 발자국도
범접치 못하게 막았다

문 밖의 사람들은
하늘이 미쳤다고 하기도 하고
하나님이 어디 외출중이라고들 했다

기도처럼 눈보라처럼

수많은 인생의 길
방향도 모르는 채
떠돌았다

때로는 뒤돌아가고
때로는 버리고 싶었던
그 숱한 날들의 비애

저린 고통
가끔 눈보라처럼
마른가지를 부딪는
신음소리로
눈 뜨고 밤을 밝히는 시간

다시 새 아침
무릎 꿇는 기도처럼
그가 내 모든 죄악 사하시며
내 청춘을 독수리 같이
날게 하시리

상실감

에덴동산의 출구를
아직 찾지 못했다

A씨가 말한 그대로
그 말은 진실이 아니었다
다만 껍데기는 사실이었지만
그 안은 전혀 다른 것이었다
그렇다면 참이란
어디에 있는 것일까
껍데기에 있을까
그 안에 있을까
포장지 맞는데
내용은 아닌 것
맞지 않는 것과 맞는 것
수천의 물음표를
등에 지고 살고 있는
상실의 시대

나의 호흡은 안녕하신가

오늘이 며칠입니까

몇 살이지요?

99에서 27을 빼면?

47에서 16을 더하면?

주소는 어디입니까?

오늘따라 세상이 하얗다
그냥 웃고만 싶은데
자꾸 빼기 더하기를 하라 한다
지금쯤은 세상의
덧셈 뺄셈은 안 해도
목숨은 부지할 수 있는데

끝내 나는 완고한 노인처럼
입을 열지 않았다

내 몸의 경계는 어디쯤 왔을까
오늘 나의 호흡은 안녕 하신가

이승에서 가장 무서운 놈은
치매라던데

슬프지 않아도

저 가벼운
스침 잊었다
바람이 훔쳐갔다

슬프지 않아도
자꾸 눈물이
흐르는 것은
저 지독한
사랑의 상실감이란다

오래 친한
우정 같은
내 몸에 딱 붙어
떨어지지 않아
그 뿌리를
도려내려 했던 내게
이번엔 내 존재 자체를
먼저 아예 잘라 버렸단다

빈 몸으로 목숨을 건넌
어느 공원묘지의
위패가 된
슬픈 영혼

봄바람

바람조차 좋아라
봄바람

변덕 심한 본성 드러내
어느새 꽃샘추위

철모르고 나온 노란 개나리
새파랗게 언 입술로
봄은 이런 건가요
묻고 또 묻는다

신이 어째서 달빛을 만들었는가

*신이 어째서 달빛을 만들었는가?
어째서 그 밤을 낮보다도 매력 있게
하였으며 여명보다도, 저녁놀보다도,
한층 그리운 것으로 만들어 놓았을까?

그렇지, 대낮보다는 달빛 젖는 밤이
눈에 또렷한 것보다는 얼비치는 것이
더 신비로운 것을

인간의 속내 샅샅이 들여다보기보다는
그냥 장미꽃 몇 송이 얹어놓고
보는 것이 더 아름다운 것을,

강물이 풍경을 안고 흐르듯
저 달빛 품고 함께 죽는
이 밤

*모파상의 작품 '월광' 에서 인용(유혜자 음악정원 15p)

봄꽃

잎새가 파릇파릇
싹을 내밀 때부터
이별의 기미를 눈치챘다

금방이라도 세상을
바꿔 놓을 듯한 저 몸짓

붉어서 희어서 노래서
바람에 불리며 낙화한다

그대 이제
청춘을 다 불살랐는가?
뒤에 오는 세상의 끈을
왜 풀어내지 못하는가?

누군가의 가슴이 환희로
뛰는 소리 들었다
그 소리 들으면서
나는 봄날을 베고 잠든다

시비詩碑

오석의 몸에 칼을 대었다
음각으로 도려내는 고통
돌 속에 파묻힌 목숨 꺼내
시를 적는다
돌의 생명이 시로
전이되는 순간
오석은 화석이 된다
시는 그리움을 찾아내고

블라디미르

세상 어느 한 귀퉁이의
찬란한 슬픔

보통의 사람이
가장 아름다운 생을
만들기 위해
일생 몸 바친
노동의 대가로는
이름 붙이기 힘든
화폐의 명찰

늘 가슴에 커다란
못 하나 가로질러 놓고
견디며 살아가는 사람들

그들에게 대가 없이
주시는 은총
강물에 얼비치는 산 그림자
철따라 피어나는 꽃

새들의 노래 그리고
천륜의 온기로만
가질 수 있는 소박한 삶들

블라디미르*
너의 목숨은 너무도 비싸
이제껏 듣지도 보지도 못한
말 한 필의 가격
십억 원이라니
생전에 만나지 못했던
너의 몸값
저기 꽃이 자지러진다
죄다 서둘러 시들어 버린다

우리 삶의 설계도를 다시
생각해 보고 싶은 날

*블라디미르 – 10억 원짜리 말의 이름

행복한 사람

기다림이 있는 사람은 행복하다
희망이 있기 때문에

그리움이 없는 사람은 행복하다
사랑이 있기 때문에

부족함이 있는 사람은 행복하다
채울 수 있기 때문에

누군가 곁에서 한참을
동무해줬던 사람은 행복하다
서로의 눈맞춤이 있기 때문에

거실 끄트머리쯤
햇살 들어와 앉은 쪽으로
다가가 창밖을 본다

한낮의 수수꽃다리 한창 웃고 있는 중

그 해 시월

– 2016년

지난 원숭이 해의 가을은
왜 그리 슬펐는지
서로가 서로에게
돌 던지며 피흘렸다

파란 하늘엔 별도 죽고
어둑한 창은 집집마다 굳게 닫혔다

TV에선
한 해가 지나고
새해로 접어들었지만
여전히 삐걱대는
무릎 관절처럼
요란하게 들썩거렸다

백성은 날마다 기진했고
낡은 시각, 청각
고장 난 전두엽은
말문조차 잃어가고 있었다

이 땅의 봄은 어디만큼 오고 있을까

정월 대보름

저녁이 오기를 기다렸다
달빛 찬란히
쏟아지는 밤
어린 별들이
달 항아리 뒤에 숨어
지상을 엿보고 있다

대낮 같은 밤
쥐불과 농악대의
흥겨운 소리
앞 다퉈 춤추는
황홀한 영역

저마다
육신을 풀어풀어
한바탕 신명나는
춤판이다

여의도 한강 공터

밤새껏 놓아주지 않는
달빛 물리고
이제 돌아가야겠다

빗장 걸려 있는 아파트
책갈피 끼어있는
유년의 아이들
사진 한 장 만나러 간다

제4부

바람 부는 쪽으로

시간의 비밀

침묵이다
한 치 양보 없는
시간 앞에선
어쩌지 못한다

벽을 뛰어 넘는 법을
익히지 못해
주춤거린다

달 저편에서
지구를 엿듣는
억겁의 시간 그물망

오늘 밤 별똥별 하나가
귀 당겨 전하는
시간의 비밀

익명의 목숨들
날마다 빠져 나간다

삶이 있는 봄의 주소지

기억에 또렷이
남은 생의 봄의
주소지는 어딜까

만나본 적이 없는 것일까
기억력 쇠퇴로
찾아내지 못하는 것일까
참말로 한 번도 화창한 봄날
머무르지 않았는지 몰라

참으로 이상하다
신은 내 쪽으로 절반 쯤
눈길 주다 다시
돌아가 버렸는지 몰라
애초부터 아예 신은
내게 생의 봄날 같은 건
가당치 않다고
허락하지 않았는지 몰라

그럼에도

난 오늘 창밖 봄을 기다린다

날마다 영등포공원

운동화 신고
한 길만 건너면
우리 집 앞마당

공원 길 걷다보면
수백 종의 나무가
반짝거리는 햇볕 받으며
가슴에 이름표를 매달고
거기 약력까지
곁들이고 서 있다

세상길에서 수천 번 넘어져
이미 달랑 낡은 가방 하나
질질 끌며 들어서는 사람
'오냐, 오냐' 등 두드리며
품 안는 오, 너의 이름은
영등포공원

때로는 가족에게조차
외면당해 숭숭 구멍 뚫려
파리의 퐁네프다리
텃새가 된 사람처럼
변한지 오래도,
'어서 와 어서 와' 어깨 껴안은
오, 너의 이름은 신길로 길
날마다 영등포공원

바람 부는 쪽으로

나무들이
신음소리로 앓는다
달빛조차 싸늘한
공원에 몸을 세우고
잠도 잊은 채 울고 있다

말할 수 없이
아름다웠던 시절
꽃향기와
작은 새들의 지저귐
이제는
되찾을 수 없는 시간들

모든 것 떠나
혼자 있는 것이 아파
바람 부는 쪽으로
몸을 기대고
별빛에 입술을 얹는다

시시비비

이천십육 년이 지난 지도
한 달하고 두 달째로
접어드는데
이 백성의 심장병
아물지 않아
슬픔과 분노 그리고
배신의 눈물
삭이지 못해
아우성이다

내 나라 이 땅
인내의 수위는
경고등을 켠 지 오래

시시비비
이 봄날 언제쯤
병든 그 자리
꽃은 피어날까

다시 설날

다시 설날
떡국 그릇에
나이 한 살을 얻는다
이런 날
*팔죽 한 그릇에
장자의 축복을 판
사람은 되지 말아야지

연초 제일 먼저 달력에
빨간 색깔로 화인처럼 박힌
ㅁ ㅁ ㅁ ㅁ
그 위에 다시 정조준 하여
동그라미를 입힌다

여자들이 서둘러
시들어 버린다는 날
누구도 명절 탓으로
돌리지 않지만

물음에 답해야 하는

어정쩡한 파열음

* 성경에 에서가 동생 야곱에게 팥죽 한 그릇에 장자의 명분을 팔다

역사의 목격자

지난 가을로 들어설 무렵
이 땅의 사람들은
온통 상처투성이로
앓고 있다 서로가 서로를
헐뜯고 피를 흘린다
험한 맥박과 심장의 소리는
높았다 낮았다
종잡을 수 없다
어떤 명의도 고칠 수 없는
지독한 바이러스
병명도 딱히 알 수 없다

지금까지 선조들이 지켰고
우리들이 가꾸어 온
이 민족의 얼

외적의 총칼도 핵 공격도 아닌
스스로가 파멸의 격전지에 서 있다

목숨 내걸고
오르막 내리막
그네를 탄다

난 지금
이 난장판 속에서
눈과 귀를 잃은
청맹과니가 되어
하릴없이 역사의 목격자로
서 있을 뿐이다

시간을 그리다

해보다 먼저 바다 비추는
오징어 배를 만나다

끝없는 물결의 향연
수평선에서부터
몰고 오는 저 불빛
지독한 삶의 꼭짓점

언제부턴가
끊겨진 필름처럼 시간과의 단절
더 이상 유년의 젖은 발자국
찾을 수 없다

그 때 그 시간
사라진 그림 그려내는
파스텔톤 수채화 한 장 그리다

절망 뒤에 오는 이름 하나

가을 지나고 겨울
나뭇잎들은 돌아갈 길
모두 떠났다
그러나 아직 버리지 못한
어리석은 생각 하나
낙화하지 못하고
추운 바람 앞에
신음 중인 저 미혹의
절망을 보는가

지체 없이 죽어야 산다
비로소 그 자리
새순이 대신하지 않는가

죽어야 다시
살아날 수 있는
나무 십자가처럼
철저한 피 흘림 뒤에
무릎 세워 일어서는
절망 뒤에 오는 이름 하나

지상의 목숨

생의 층계
맨 처음
시작부터 고난이다

세월의 부피가 커질수록
지상의 목숨은
봄 언덕 클로버 뿌리처럼
질기게 땅 속 파고들지만
도무지 세상의 대열은
길을 내 주지 않는다

마침내 생명을 차압당한
어느 요양원 창가에서
보랏빛 자운영 바라보며
행복했던 그 남자
오늘 같은 날
그리움 같은 것이
자꾸 눈을 흐리게 한다

슬픔의 층계

오래된 기억 하나
색 바랜 사진첩이
그윽한 눈을 감고
장롱 속 귀퉁이
점잖게 앉아있다

서러운 남루가
그때 그대로인 채
슬픔의 층계를 오르고 있다

철이네

무딘 연필심에
침 꾹꾹 묻혀 쓰던
초등학교 때 일기장

배 깔고 누워
하루의 일들
곰곰이 골라본다

할머니와 동생과 함께
멍하니 바라보며
정확한 이별의
연유도 모른 채
서울행 버스 탔던
쪽진 엄마 생각

버스 꽁무니 따라
몇 발짝 달려가다
놓쳐버린 어린 철이
눈물 베고 잠든다

가슴에 커다란
장대 못 하나 지르고
또 겨울 버스 정류장
나가보는
나이든 철이

삶의 시계

적막 속에 고이는
목숨의 정기

눈길 닿는 곳마다
더듬어 가면
마침내 이르는
삶의 근원 거기

물이 되어
꽃이 되어
구름이 되어
종말에는
별이 되어 머무는
운명의 그 때

하나 둘
지워져 가는
시간의 흔적

결국 박제된 채
빈 벽에 걸려있는
초상화 한 점

첫눈 내리는 아침

거제도 피란 시절
어린 가슴에 내리던
배고픔의 해초류

수천 길 파도에
쓸려 쓸려
당도한 허기진 땅
'다시 일어서야 한다' 고
되뇌던 전장의 거기
이제 그것마저
추억으로 고이는
첫눈 내리는 아침

스스로 켜드는 등불 하나

저무는 노을 밑에서
빈 눈결 보내는
오래된 바람의 강

적막하게 부딪는
바람 부는 쪽
기억마저 가물대는
눈부셨던 시간들
소리 없이 보내고
이제는 스스로의 손에
켜드는 등불 하나
자꾸만 흘러내리는
촛농
맨 손으로 받들고
서 있다

제5부

오늘 해가 맑아라

시간을 먹으며

나이는 시간을 먹고 산다
때로는 기뻤던 일
때론 깊은 슬픔이었던
아무 소리 없이 찾아온
나이가 점점 키를 더해 간다

그렇다
산다는 것은
나이를 들어가는 일

살구색의 연한 입술이
상념에 젖어들 때면
어느새 시간이
파 놓은 구덩이에
빠지는 일일 터

나이라는 건
누구도 어쩌지 못하는
무적의 무소불위

이 겨울에

바람이 분다
언제인들 불지 않는
바람 있었으랴마는
유난히 창문 틈을
비집고 들어오는
이 겨울바람이 차다

밖은 움츠린 나무와
따뜻한 난로가 궁금한
사람들이 있다

선뜻 손 내밀어
건네지 못한 마음이
성에 낀 유리창에
무늬져 남아있다
긴 기다림
아직도 그리움의 끝에
매달려 흔들리는
삶의 한가운데 거기

어디쯤 가서야
뜨겁게 가슴과 가슴을
맞댈 수 있는
세상에 도달할 수 있을까

무딘 발걸음으로

목숨의 마디마디
온 힘으로
생의 계단을 오른다

저 높은 곳을
향하여 올라간다

지상에서 만난
아픔의 응어리들
호흡이 가빠진다
더 이상 딛고 일어설
받침대가 없다

문득
오르지도 내려갈 수도 없는
경계에서
잠시 눈을 감아본다
다시 오른다
무딘 발걸음으로

천천히 아주 더디게
삶의 층계에서
나를 바라보는
참 눈뜨기 연습 중

겨울을 타는 사람

눈이 내린다
가녀린 가지마다
자신의 무게보다
조금 더 무거운 양을
온몸으로 받들고 있다

올곧은 매무새로
나뭇가지 세워
꽃과 열매로
세상과 소통했다

그 위로
겨울바람이 매섭다

가졌던 모든 것
내려놓는 두 손의 중량
겨울이면 임종처럼
앓고 있는 저린 가슴 하나

초여름 비

추적추적
어젯밤 지나오면서
종내 그칠 것 같지 않던
비가 자리를 떴다

나무 잎사귀들
더욱 푸르고
뇌세포의 점막들도
서서히 일어서고 있다

지친 세상의 한 날
고단한 삶도
초여름 비에
엄숙한 의식 치르듯
공손히 내일 앞에
무릎 꿇어 꿈을 올린다

감기

고백건대
나는 기침 몇 번의
침공에 휘청거린다

찬바람이라도 불라치면
마스크로 입을 봉해야 하고
몸 건사를 단단히 해야 한다

따뜻한 햇살과
고운 꽃 피워내는
계절이 오면 으레
공원 산책길을 즐기는 시간들
지금도 정수리 위로 꽂히는
그 햇살이 그립다

그놈의 질기디 질긴 감기
삶의 끄트머리쯤에서
모질게 떠나지 않는
것에 대한 서러움이
오늘따라 아프다

하얀 병실 침대 위에 앉아
앉은뱅이 간이침대에서
쪽잠 자는 아내를 내려다본다
지쳐있는 어깨가 애처롭다

빨리 일어나야지
굳게 땅에 뿌리 대고
다시 푸른 노래 부르면서
종내 놓지 않는 감기와
이별의 악수 청해야겠다

동행의 시간

뼈 속의 뼈
참으로 오랜 동행
비바람 몰아쳐도
꺼지지 않는 등을
켜 들고 걸어왔다

오직 너에게 가는 길
하나만 열어놓고
애초의 허기 고단함
안으로 삭이면서
승리 같은 고지 향해
달려왔다

아직 푸른 기 남아있는
이승의 이파리 달고
너와 함께 가는 이 길
원초의 정직한 사랑으로
소중한 시간 가꾸고 싶다

오늘 해가 맑아라

구름 사이로 내민
파아란 하늘을 향해
서로 다른 삶과 삶이
숨소리 죽여
두 손 모으는
긴 기도문

서로의 막힌
뇌혈관이 뚫리고
언어가 길을 내는
오늘 해가 맑아라

순환열차

지하철 2호선
어르신 좌석에 등을 댄다
달리다 2~3분마다
잠시 숨을 고르며
다시 둥근 원을 그린다

종착역 없는
순환열차
인간의 생명에도
종착역이 없다면

116세의 생을 살아온
어느 삶이 아름답지 만은
아닌 것은 왜일까
이승에서의 삶이
아름다운 것은
종착역이 있기 때문이다

내게 주어진 시간 동안
현재를 사랑하는 것
그것은 내 몫이다

순환열차 안에서
빈 웃음이
연신 그리움처럼
번져가는 하루

겨울 산의 말씀

겨울 산이 희끗희끗
정수리에 흰 눈을 이고
한 폭의 수묵화로
앉아있습니다
이따금 먹이를 찾는
배고픈 새들이
맨 눈을 헤집고 내려와
침묵하는 산의
심장에 귀를 대어봅니다

바위와 바위 사이
그 미세한 틈에서 내리는
물소리가 봄을 전합니다
우체부 커다란 가방이 없어도
소식은 벌써 햇살처럼 퍼집니다

킬리만자로의 날카로운 눈매도
어젯밤부터 내리는
눈 속에 묻어두었다가
아침 햇볕 기다려 빛날 것입니다

아무리 매서운 바람 불지라도
봄이 오고 있다는 겨울 산의 전언
서둘러 산을 내려갑니다

내 남은 발걸음을 위해

산 그림자가 길게
제 키를 넘어서고 있다
붉은 해가 서산으로
몸의 기울기를 옮길 때쯤
내 발걸음도 그곳을 향해
가까이 따라가고 있다

학의 다리를 닮았다는
샛강다리에 서면
서녘 해는 더욱 붉어지고
아쉬움 잠시 공중에
몸을 매단 채 떠 있다
심지어 겨울새들까지
풍경에 젖어
잠시 눈을 감는다

내가 지나온 삶의 지문들
고되고 힘들었던 시간들
고운 추억으로 채색해 놓고

이제 남은 발걸음
새 날인 양 강물이
몸 풀듯 걸어가야겠다

사랑하는 아들 딸들아

올 겨울은 유난히 춥다
북극의 제트기류 탓이란다
미세먼지 때문이란다
생경한 말들뿐이다
창마다 테이프로
꽁꽁 묶어 놓았지만
살 속 깊이 침공해 오는
추위는 당해낼 수 없다

언제쯤 풀릴까
봄은 어디쯤 오고 있을까
소리 내는 뼈 관절 마디
빙판길이 조심스럽다

생살로 부는 겨울바람에
세상은 살얼음판이다

우리들의 꿈 우리들의 희망
사랑하는 아들아 딸들아

떠오르는 새 아침의 태양을
누가 막겠느냐
반드시 내일의 해는 높이
솟아오르리니
맨발의 이 겨울
힘차게 버텨 내거라
사랑하는 우리 아들아 딸들아

신발

쬐그만 발들이
어지럽게 뒹굴던
현관 앞 풍경

잠자리 들기 전
으레 짝지어 놓던 수고가
오래전 사라진 지금
달랑 두 켤레의 신발이
빼끔히 방안을 기웃댄다

거실은 늘 허전하고
보일러는 온기를
덥히느라 수선스럽다

침침한 저물녘
그래도 따뜻한 사람과
얼굴을 마주하고
TV를 보면서

세상과 소통하는
방식을 터득해 나간다

하루에 못다 한 안부
자분자분 사람의 냄새로
별들의 소리도 듣는다

영등포역 기차소리

흐르는 강 둔치에
그늘 깊은 나무들은
밤새 산고의
비명도 없이
꽃을 낳는다

은빛 물살은 곁에서
젖지 않은 몸
길게 뉘인 채로
아득하다

꽃들은 아우성인데
강물은 먼 곳으로
더 먼 곳 향해
바다로 출항하는 중

그 위로
좀체 지워지지 않던
영등포역 지나는

긴 기차 소리에
슬픈 사랑 하나가
꽃잎을 물고
따라 흐른다

혼자 웃는 날

세월의 주름 사이로
빠끔히 내다보는
자화상 하나

거기 아픈 무늬로
표구된 내가 서 있다

날마다
지는 해의 끝자락에서
서성이며 되돌릴 수 없는
시간 속
촉촉이 물기 돌던
그 어느 날인가
향기롭던 그날의
얘기들 꺼내보며
혼자 웃어보는 날

계간문예시인선 **122**

이경배 시집_ 시간을 그리다

초판 인쇄 | 2017년 9월 19일
초판 발행 | 2017년 9월 22일

지 은 이 | 이경배
회　　장 | 서정환
발 행 인 | 정종명
편집주간 | 차윤옥

펴낸곳 | 도서출판 **계간문예**
편집부 | 03132 서울 종로구 삼일대로 30길 21 종로오피스텔 808호
주소 | 03132 서울 종로구 삼일대로 32길 36 운현신화타워 305호
전화 | 02-3675-5633, 070-8806-4052
팩스 | 02-766-4052
이메일 | munin5633@naver.com
등록 | 2005년 3월 9일 제300-2005-34호
ISBN 978-89-6554-164-6 04810
ISBN 978-89-6554-118-9 (세트)

값 10,000원

잘못 만들어진 책은 바꾸어 드립니다.

이 도서의 국립중앙도서관 출판예정도서목록(CIP)은 서지정보유통지원시스템 홈페이지(http://seoji.nl.go.kr)와 국가자료공동목록시스템(http://www.nl.go.kr/kolisnet)에서 이용하실 수 있습니다. (CIP제어번호: CIP2017022990)